Friedl Hofbauer

Sagen aus Salzburg

Friedl Hofbauer

SAGEN aus Salzburg

Bilder von Dominic Groebner

öbv & hpt

.KUNST bundeskanzleramt Die Reihe „Sagen aus Österreich" wird gefördert vom Bundeskanzleramt, Kunstsektion.

1. Auflage 2000 (1,00)

ISBN 3-209-**03126**-6
www.oebvhpt.at

Druck: Druckerei Theiss GmbH, A-9400 Wolfsberg
Papier: EOS federleicht 120 g

Inhalt

Das Kasermandl und die Magd

In St. Margarethen im Lungau hat es einmal geheißen, auf der Walcheralm sei in die Hütte ein Kasermandl eingezogen und wolle dort den Winter verbringen.

„Aber geh, Zenzi“, sagte der Walcherbauer zu seiner Magd, die mit dieser Nachricht ganz aufgeregt in die Stube kam. „Geh, du glaubst doch alles! Hast du schon einmal ein Kasermandl gesehen? Ich nicht! Wenn du dich traust und hinaufgehst und mir dann erzählst, wie ein Kasermandl ausschaut, kriegst du meine beste Milchkuh!“

Die junge Magd hatte eine kranke Mutter daheim und die Aussicht, eine Kuh, noch dazu die beste Milchkuh des Bauern, zu besitzen, brachte sie ganz durcheinander. Und so sagte sie: „Ich geh. Krieg ich die Kuh wirklich?“

„Aber freilich“, antwortete der Bauer. Er glaubte die Geschichte mit dem Kasermandl nicht und dachte, er könnte seine Kuh ja nicht verlieren, denn ein Kasermandl war bestimmt nicht in der Almhütte, weil's keine Kasermandln gibt.

Die Magd nahm ein warmes Tuch und wollte schon fortgehen, da sagte der Bauer: „Und damit ich dir glaub, dass du wirklich auf der Alm oben warst, bringst mir den alten Milchkübel mit herunter.“

„Ja, Bauer“, sagte die Magd und machte sich auf den Weg. Es war kalt und es lag viel Schnee. Aber sie dachte an ihre kranke Mutter und wie gut ihr die viele Milch tun würde.

Endlich kam sie bei der Almhütte an und drückte die Tür auf. Wohlige Wärme strömte ihr entgegen. Und was sah sie? Der Herd war eingeheizt und davor auf einem Melkschemel stand ein Kasermandl und briet Käse. Am Stubentisch saßen etliche Kasermandln und Kaserweibln und hatten kleine Teller vor sich und freuten sich auf den Schmaus. Als sie die junge Magd in der Tür stehen sahen, erschraken die Männlein und Weiblein und wollten unter den Tisch flüchten, aber das Kasermandl beim Herd sagte: „Das ist nur die Zenzi, die der Walcherbauer um einen alten Milchkübel geschickt hat!“

Die junge Magd staunte, woher das Kasermandl das wusste.

„Setz dich auch hin und iss mit“, sagte das Kasermandl zu ihr. „Wärm dich nur ordentlich auf!“ Da setzte sich die Zenzi zu den Mandln und Weibln an den Tisch und aß mit. Nach dem Essen räumten sie alles so auf, wie die Menschen die Almhütte verlassen hatten. Als sich die junge Magd dann auf den Heimweg machte, stellte sich das Kasermandl auf den Tisch und rief ihr nach:

„Vergiss den Milchkübel nicht! Und deinem

Bauern richt aus, er muss dir die Kuh aber wirklich geben, sonst kriegt er's mit mir zu tun!"

Die junge Magd nahm den Milchkübel und machte, dass sie wegkam, denn ganz heimlich war ihr bei alldem nicht.

Als sie heimkam, fragte der Bauer lachend: „Na, wie schaut's aus, dein Kasermandl?"

Die junge Magd erzählte, was sie erlebt hatte und auch, was das Kasermandl ihr aufgetragen hatte: dass der Bauer ihr die Kuh geben müsse, sonst ginge es im schlecht. Aber der Bauer lachte nur und sagte: „Eine Kuh hab ich dir versprochen, sagst du? Meine beste Milchkuh auch noch? Die geb ich dir nicht und auch keine andere, du dummes Mensch. Das war doch nur ein Spaß!"

Aber wie er das sagte, hörten sie vom Stall her ein schreckliches Gemuh, und als sie hinliefen, lag die beste Milchkuh tot auf dem Stallboden.

„Oh", sagte der Bauer, „solche Späße soll man wohl nicht machen! Kriegst halt meine zweitbeste Kuh, schließlich hab ich's versprochen!"

Im nächsten Augenblick stand die tote Kuh wieder gesund und munter auf ihren Beinen und muhte laut.

„Na geh schon, führ sie zu deiner Mutter", sagte der Bauer. „Ich will ja kein Unmensch sein!"

Und so hat das Kasermandl die Sache doch glücklich eingerenkt.

Edelweiß

Vor sehr langer Zeit ist einmal die Mutter Gottes durch den Lungau gewandert und fand ihn wunderschön. Nur Blumen hätte sie gern noch mehr gesehen. So streute sie Blumen in vielen Farben über die Täler und Berge im Lungau. Da war der Lungau noch viel schöner, und die Berge und Täler waren froh und zufrieden mit ihrem neuen Schmuck.

Freilich, die Berge durften sich nicht lange über die Gabe der Mutter Gottes freuen. Die Blumen fanden nämlich auf den vielen schroffen und steilen Felsen keinen Halt, auch blies der Wind im Gebirge kälter und unfreundlicher als im Tal. Alle die prächtigen Blumen fielen in die Täler hinunter, senkten ihre Wurzeln und Würzlein in die Erde und blieben dort.

Die Berge wurden darüber sehr traurig. Als die Mutter Gottes das nächste Mal durch den Lungau wandelte und sich seiner Schönheit freute, bemerkte sie, dass die Berge traurig in die bunten Täler hinunterschauten.

Die himmlische Mutter sah die traurigen Berge, wie sie hart und ohne Schmuck dastanden. Da griff sie rasch in den Himmel hinauf, holte eine Unmenge kleiner Sterne herunter und streute sie über die Berge im Lungau. Die Himmelskinder schlugen Wurzeln in den Bergen hoch oben, wo sie dem Himmel am nächsten waren. Seit damals gibt es im Lungau das Edelweiß.

Kaiser Karl im Untersberg

Einmal saß ein Hirtenknabe auf einer Wiese am Untersberg und blies auf seiner Flöte. Plötzlich erschien ein Zwerg vor ihm.

„Willst du mit mir kommen?“, fragte der Zwerg. Der Hirtenknabe wunderte sich nicht, dass auf den Hängen des Untersbergs Zwerge herumliefen, denn das wusste jeder. Freilich zeigten sie sich nicht jedem.

„Willst du mitkommen?“, fragte der Zwerg noch einmal.

„Wohin?“, fragte der Hirtenknabe.

„Der Kaiser Karl möchte von dir etwas wissen“, sprach der Zwerg.

„Von mir?“, fragte der Hirtenknabe.

„Frag nicht so lange und komm“, drängte der Zwerg. „Kaiser Karl wacht nur alle hundert Jahre einmal auf, und die Stunde dazu ist nahe. Komm!“

Der Hirtenknabe stand auf und sagte: „Ich kann aber doch meine Kühe nicht allein lassen!“

„Kommt Kühe hüten!“, rief der Zwerg, und schon erschienen etliche Zwerge und ein paar Wildfräulein dazu, die nicht viel größer sind als Blumen. In der Ferne zeigte sich einer der Riesen, von denen auch welche im Untersberg wohnen, und rief herüber:

„Braucht ihr mich auch?“

Aber die Wildfräulein riefen zurück: „Wir können das schon allein. Geh nur wieder schlafen!"

„Folge mir!", sagte der Zwerg nun recht streng zu dem Hirtenknaben, und der folgte dem Zwerg über den Wiesenhang und steile Wege und Stock und Stein. Sie liefen durch eine Schlucht und eine zweite, durch Dorngebüsch und Felsenlöcher, und standen endlich vor einer eisernen Tür. Die war zu und hatte kein Schloss, keine Klinke und kein Schlüsselloch.

Behutsam klopfte der Zwerg an die Tür. Die sprang mit Donnergepolter auf, und sie waren im Inneren des Untersberges.

„Komm", sagte der Zwerg, „wir dürfen den Augenblick nicht versäumen, da Kaiser Karl aufwacht!"

Er führte den Hirtenknaben durch einen dunklen Gang in eine riesige Säulenhalle. Dort glitzerte alles von Silber, und die hundert und tausend Säulen und Säulchen, die die Decke der mächtigen Halle trugen oder schmückten, funkelten von Edelsteinen. An den Wänden der Halle standen, wie versteinert, mächtige Ritter mit starren Gesichtern, erstarrte Fürsten in roten Fürstenmänteln, und auf dem Fußboden des Saales lagerten versteinerte Kriegsknechte, und alle waren in Waffen.

An einer Seite der mächtigen Halle stand ein

Thron, auf dem saß der Kaiser. Er war der Einzige, der nicht versteinert war, sondern schlief.

Der Zwerg ergriff die Hand des Hirtenjungen, der vor Staunen stumm war, und zog ihn leise vor den Thron des Kaisers.

„Hier bleib stehen“, flüsterte er, „und warte, bis der Kaiser aufwacht. Er wird dich etwas fragen, und da musst du antworten. Ich werde mich nun zurückziehen und hole dich nachher wieder ab.“ Damit ging der Zwerg in den Hintergrund des Saales, setzte sich hinter den Schild eines versteinerten Ritters und war nicht mehr zu sehen.

Der Hirtenjunge aber stand stumm vor dem Kaiser Karl und betrachtete ihn. Der Kaiser trug einen goldenen Brustpanzer, und über diesen hing sein langer grauer Bart. Der Junge hatte immer erzählen hören, dass der silberweiße Bart des Kaisers Karl so lange sei, dass er schon zweimal um das Marmortischchen gewachsen war, das vor ihm stand, und immer wieder wurde erzählt, dass, wenn der Bart zum dritten Mal um den Tisch gewachsen wäre, ein schrecklicher Krieg käme. Dann würde der Kaiser Karl mit all seinen Rittern und Kriegsknechten aufwachen und aus dem Untersberg herausbrechen und sich in den Krieg stürzen, der draußen tobte.

Aber vor dem Kaiser stand kein Marmortisch. Und sein Bart war auch nicht silberweiß, sondern

grau. Freilich, zweigeteilt war er. Und jeder Bartteil war mit einem kostbaren Perlenband umwunden.

Der Hirtenjunge blickte den Kaiser an, und plötzlich war ihm, als hätte der den Kopf bewegt. Und dann sah der Junge, wie der Kaiser die Augen öffnete.

Kaiser Karl erblickte den kleinen Hirtenjungen, der vor ihm stand und ihn anstaunte, und nun bewegten sich auch die kaiserlichen Lippen und er fragte den Hirtenknaben:

„Fliegen die Raben noch um den Berg?“

„Ich weiß nicht“, antwortete der Hirtenjunge. „Ich hab nicht darauf geachtet, Herr Kaiser, aber ich glaube, sie fliegen noch!“

Da schloss der Kaiser die Augen und flüsterte:

„Dann muss ich noch einmal hundert Jahre schlafen“, und schlief ein.

Im nächsten Augenblick fühlte der Hirtenjunge die Hand des Zwerges in der seinen und wurde fortgezogen, aus dem Saal hinaus und zurück zum Ausgang. Dort brach das helle Sonnenlicht über ihn herein.

„Das hast du gut gemacht“, sagte der Zwerg zu dem Hirtenjungen und führte ihn zu seiner Wiese zurück.

Das goldene Bäumchen

Einmal ist ein armer Bauer aus Tamsweg in den Schwarzenbergwald Holz klauben gegangen. Es ist ihm recht mühsam angekommen. Er war schon alt und hat sein Leben lang immer gearbeitet, aber reich ist er davon nicht geworden. Endlich hat er ein Bündel Klaubholz beisammen gehabt und sich auf einen Stumpf gesetzt, um sich auszuruhen.

Wie er so sitzt und in die Gegend schaut, sieht er auf einmal, gar nicht weit weg, eine kleine Fichte. Die hat geleuchtet, als wär sie gar nicht aus gewachsenem Holz, sondern aus geschmiedetem Gold!

„So was passiert unsereinem nicht“, hat der alte Bauer gedacht, „dass er beim Holzklauben ein goldenes Bäumchen im Wald findet.“ Aber er wollte sich's doch ansehen. Vielleicht konnte er das Bäumlein abbrechen, wenn's wirklich aus Gold war.

Er geht hin so schnell, wie er gar nicht mehr gedacht hat, dass er laufen kann, und auf dem Weg zu dem kleinen Baum liegt was, das goldig blitzt, doch er hat's nicht geachtet. Aber als er zu dem Platz kommt, wo das Fichtlein gestanden ist, da war es weg.

„Ja“, sagte der Bauer zu sich selber. „Hast wieder einmal gesponnen“, und wollte schon zu seinem

Holzbündel zurückgehen. Da lag was auf seinem Weg. Ein goldenes Zweiglein. Ein goldenes Fichtenzweiglein!

Der Bauer hat es schnell aufgehoben, damit es nicht am Ende auch verschwindet. Und es war wirklich aus Gold!

Er hat es heimgetragen, das goldene Zweiglein von dem goldenen Bäumchen im Schwarzenbergwald, und von da an haben er und seine Frau es ein bisschen leichter gehabt in ihrem alten Leben.

Stutzimutzi

Die weißen Frauen in den Salzburger Bergen heißen auch Wildfrauen.

Es kommt heute noch vor, dass eine Wildfrau oder ein Wildfräulein Sehnsucht nach den Menschen hat. Dann steigt sie zu einem Einödhof oder manchmal auch in ein Dorf hinunter, klopft an eine Haustür und will sich als Magd verdingen.

Wildfrauen und Wildfräulein sind von zierlicher Gestalt. Man sieht ihnen nicht an, wie kräftig sie sind, und ihre zarten Hände sehen nicht aus, als könnten sie zupacken.

Einmal ist ein Wildfräulein zu einem Bauernhaus gekommen und hat angeklopft. Es war nur die Bäuerin zuhause. Als sie das zarte Mädchen vor der Haustür stehen sah, das um Arbeit bat, sagte sie:

„Geh, du kannst doch gar nicht schaffen! Bei dir muss man ja zweimal hinschauen, dass man dich überhaupt sieht!“ Die Bäuerin kam nicht auf den Gedanken, es könnte ein Wildfräulein sein. Da bückte sich das Mädchen und hob die Haustür aus den Angeln und hängte sie wieder ein, als wäre das nichts.

„Ah, so eine bist du!“, sagte die Bäuerin. „Ein Wildfräulein! Dann nehm ich dich schon. Die sind brav. Wie heißt du denn?“

Das Wildfräulein wollte aber ihren Namen nicht verraten.

„Auch gut“, sagte die Bäuerin. „Werd ich dich Gredl nennen. Kannst gleich die Stallarbeit tun!“

Das Wildfräulein ging hinaus in den Stall. Und seit diesem Abend war die Milch immer besonders gut.

Der Bauer war auch sehr zufrieden mit der neuen Magd. Sie war immer freundlich und tat die Arbeit für zwei - und oft für drei.

Einmal kam der Bauer vom Feld heim, und die Bäuerin trug das Essen auf. Sie setzten sich alle zu Tisch und aßen. Plötzlich sagte der Bauer:

„Wisst ihr, war mir heut begegnet ist? Wie ich vom Feld komm, ruft's aus dem Felsen drüben ganz laut: ‚He Bauer!' Ich hab aber keinen gesehen, der gerufen hätt. ‚He Bauer!', ruft's noch einmal. ‚Sag der Stutzimutzi, sie soll wieder nachhaus kommen!' Ganz unheimlich war das. - Ja Gredl, was hast denn? Iss doch fertig! Wo willst denn hin?!", fragte er die junge Magd. Die war aufgesprungen und stand da, ganz erschrocken und ein wenig traurig.

„Das war der Berggeist", sagte sie. „Ich muss fort! Dank euch für alles, und es soll euch weiter gut gehen!", und damit lief sie weg und aus dem Haus und blieb von dem Tag an verschwunden.

Den Bauersleuten ist es weiter gut gegangen, nie hat es ein Feld verhagelt, das Vieh gedieh prächtig und die Milch war die beste im ganzen Ort.

Aber die Bäuerin sagte doch hin und wieder: „Schad, dass die Gredl nimmer da ist. Das war doch eine liebe Gredl, die Stutzimutzi!"

Der kleine Alpengeist Donanadl

Oben auf dem Grießenpass hat sich früher ein kleiner Alpengeist herumgetrieben. Donanadl hieß er. Und er war der freundlichste und gutmütigste Alpengeist, den man gekannt hat. Scheu war er überhaupt nicht. Und immer gut aufgelegt.

Der Donanadel war nicht größer als ein gewöhnlicher Zwerg. Er lief in einem Gewand herum, wie die Senner es auch trugen, freilich viel schäbiger. Das machte ihm nichts aus und den Leuten auch nicht. Es war eben der Donanadl.

Der kleine Alpengeist war auch nicht bösartig, wie manche Almgeister das sind. Er kam zu den Sennen und Sennerinnen in die Almhütten und aß und trank mit ihnen, und wenn er kam, war's immer lustig. Freilich hat man ihn zum Essen einladen müssen, denn aufdrängen hat er sich nicht wollen.

Wo der Donanadl auftauchte, wuchs das Weidegras besser und die Milch wurde viel fetter und überhaupt gedieh alles auf der Alm, wenn er da war und auch danach. Dazu war er sehr hilfreich. Wenn zum Beispiel eine Sennerin sich verschlafen hatte und zu spät zum Melken kam, da hatte der kleine freundliche Alpengeist die Kühe schon gemolken. Und wenn ein Stück Vieh sich verstiegen hatte, holte es der Donanadel, noch bevor die Sennen überhaupt merkten, dass es abging.

Im Winter kam der kleine Alpengeist Donanadl nicht mit dem Vieh hinunter, sondern machte es sich in einer Futterkrippe in einem Stadl gemütlich und hielt Winterschlaf. Im nächsten Jahr, pünktlich zum Almauftrieb, war er wieder auf seinem Posten.

Einmal ist aber doch etwas Ungutes geschehen. Auf der Grünalm haben sie einen neuen Melker gehabt, der hat den Donanadl nicht leiden können, niemand hat gewusst, warum. Vielleicht deshalb, weil der Melker überhaupt keinen leiden konnte, nicht einmal sich selber.

Und dieser Melker trifft auf einmal den kleinen, fröhlichen Alpengeist Donanadl, wie der zwischen den Hörnern der schönsten Kuh sitzt, er treibt sie mit einem grünen Zweig an und jodelt dazu aus vollstem, freudigstem Herzen.

Und was tut der Melker? Vor lauter Wut, dass da so ein Wicht auf einer Kuh sitzt und jodelt, nimmt er seinen Bergstock und haut die Kuh zwischen die Hörner und schlägt den Donanadl hinunter ins Gras.

Der Donanadl hat sich damals hochgerappelt und hat den Melker angeschaut, dass der käsebleich zurückgewichen ist vor Schreck. Und dann hat der kleine Almgeist alles verwünscht. Keiner

hat ihm das zugetraut, dass der gutmütige, hilfreiche Donanadl so fluchen kann:

„Wasser, geh fort!
Gras, bleib hint!
Grünalm, verschwind!“,

hat der Donanadl gerufen, und dann ist er – man glaubt's nicht – davongeflogen wie ein Vogel und war schon beim nächsten Gipfel und weg.

Und die Grünalm ist nicht mehr grün, und es gibt keine Quellen mehr in der Gegend. Und den Donanadl hat auch niemand mehr dort gesehen.

Die Zauberin vom Silbereck

In der Nähe des Silbererzbergwerks im Silbereck im Murwinkel wohnte die Ruapnbäuerin mit ihrer Tochter. Die Bergknappen kamen oft zu Besuch. Sie brachten dem hübschen Mädchen Blumensträußchen und kleine Stücke Silbererz zum Geschenk, und so mancher von ihnen hätte das Mädchen gern geheiratet.

Die Ruapnbäuerin aber wollte nicht, dass ihre Tochter einen gewöhnlichen Knappen heiraten sollte, denn sie hätte gern einen Grafensohn als Bräutigam für ihr Kind gehabt. Als aber die Bergknappen nicht davon abließen, um das Mädchen zu werben, verbot sie ihnen ihr Haus. Das half freilich nichts. Denn die jungen Burschen stellten sich draußen auf und sangen dem Mädchen ein Ständchen nach dem anderen. „Die geben doch keine Ruhe“, sagte die Ruapnbäuerin. „Ich muss etwas Ernsthaftes dagegen tun.“ Das konnte sie auch.

Die Ruapnbäuerin war nämlich eine Zauberin. „Am besten wäre es, wenn überhaupt alle Knappen aus der Gegend verschwänden“, dachte sie. Und sie wusste auch schon, wie sie das zaubern sollte. Sie ließ sich vom Schmied eine eiserne Henne schmieden und ein paar eiserne Eier dazu, goss kochendes Pech und kochenden Schwefel darüber, damit die Henne und die Eier nicht verrosten konnten, und dann ging sie heimlich zum Silbereck und vergrub die Henne mitsamt den Eiern im Berg.

Und was geschah? Von diesem Augenblick an fand sich in dem Bergwerk kein Silbererz mehr, auch in den reichsten Erzadern nicht. Die Bergknappen hatten keine Arbeit und keinen Verdienst mehr und zogen fort.

Grafensohn ist keiner gekommen, um die Tochter der Ruapnbäuerin zu heiraten, und auch sonst niemand. Die Ruapnbäuerin und ihre Tochter sind längst gestorben.

Aber die Erzadern im Silbereck sind noch immer verzaubert, und niemand kann das Silber entdecken, bevor nicht ein Sonntagskind die Henne samt den Eiern findet und ausgräbt oder bis sie trotz Pech und Schwefel einmal doch verrostet sind.

Die Bergmannsbraut

Ein junges liebes Mädchen aus dem Salzkammergut war mit einem jungen Bergmann verlobt. Sie liebten einander sehr und wollten heiraten. Am Tag vor der Hochzeit fuhr der Bräutigam wie sonst auch in einen Salzstollen des Bergwerks ein. Aber er kehrte nicht wie sonst nach dem Ende seiner Schicht zurück.

Der junge Bergmann hatte seiner Braut versprochen, sie am Abend vor der Hochzeit noch einmal zu besuchen. Aber es wurde spät und später und er kam nicht. Besorgt lief das Mädchen vor das Haus, um nach ihm auszuschauen. Da hörte sie die Glocke aus dem Bergwerk, die ein Unglück anzeigte, und erfuhr, dass an der Stelle, an der ihr Bräutigam gearbeitet hatte, ein Stück Stollen eingestürzt war. Ihr Bräutigam war verschüttet worden und niemand konnte mehr zu ihm gelangen, um ihn zu retten.

Die Braut des toten Bergmanns brauchte lange Zeit, um ihren Schmerz zu überwinden. Aber als einige Jahre vergangen waren und ein braver Mann um sie warb, hat sie ihn geheiratet und ihm Kinder geboren. Sie wurde glücklich und nur manchmal dachte sie mit leiser Wehmut an den toten Bräutigam.

Mit der Zeit rückte ihre erste Liebe ihr ferner

und ferner und erschien ihr nur mehr wie ein Traum.

Die Jahre vergingen. Ihre Kinder wurden erwachsen und verließen das Haus, um selbst eine Familie zu gründen, und dann starb ihr Mann. Sie betrauerte ihn ehrlich und ging auch zu den heiligen Zeiten an sein Grab.

In all der Zeit war sie älter und schließlich eine alte Frau geworden. Sie lebte in ihrem kleinen Häuschen, goss die Blumen in dem kleinen Garten davor und blieb nicht einsam, denn ihre Kinder und alte Freunde besuchten sie oft.

Eines Tages hörte sie draußen Rufen und Lärmen und sah, dass Leute zusammenliefen und in die Richtung des Bergwerks strömten. Sie nahm ein Tuch um die Schultern und ging mit den anderen. Die sagten, es sei ein Bergmann aus dem alten, verfallenen Stollen, der vor fünfzig Jahren eingebrochen war, geborgen worden. Da klopfte ihr das Herz so stark, dass sie kaum atmen konnte. Und als sie zum Eingang des Bergwerks kamen, hieß es, der tote Bergmann sähe ganz jung und rosig aus und so, als schliefe er nur. Aber niemand wüsste, wer er sei.

Die alte Frau drängte sich durch die Menge und schaute den toten Bergmann an, dessen Namen keiner wusste, und es war ihr Bräutigam. Er war nicht alt geworden wie sie. Das Salz, in dem er gestorben war, hatte seinem Körper die Jugend bewahrt. Da war es der alten Frau, als wäre sie wieder jung und morgen sollte ihre Hochzeit sein. Sie kniete neben dem toten Bräutigam nieder und nahm ihn in ihre Arme und weinte.

Nun erinnerten sich mehrere alte Leute an den Tag, da das Unglück im Salzberg geschehen war, und daran, dass da eine Hochzeit hätte sein sollen, und so mancher weinte.

Als man die alte Frau aufheben und von ihrem toten Liebsten trennen wollte, war sie gestorben, und einer sagte: „Jetzt sind sie doch für die Ewigkeit beisammen."

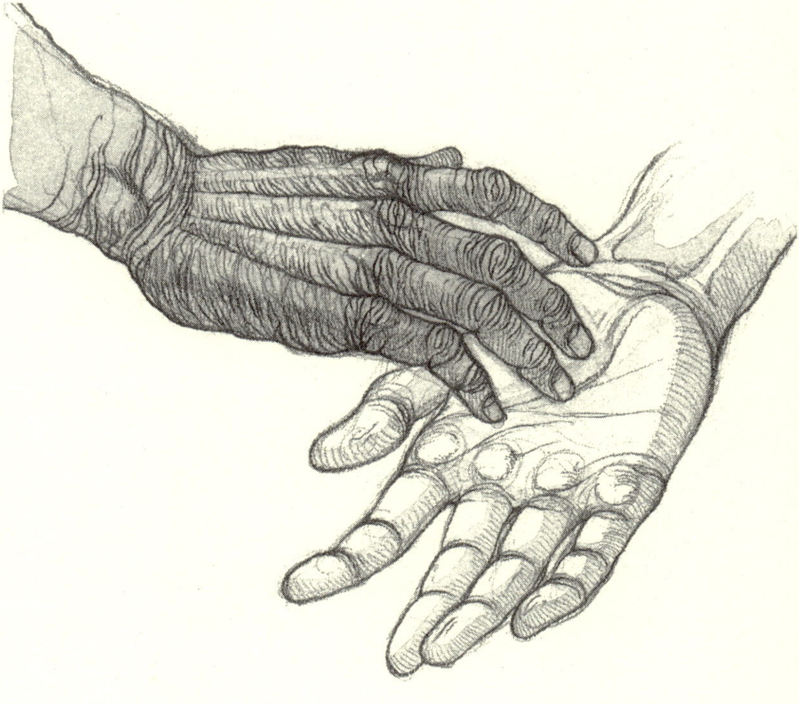

Die zwei feindlichen Brüder von Moosham

Einmal wohnten auf dem Schloss Moosham zwei Brüder, die einander herzlich zugetan waren. Das änderte sich aber, als anlässlich eines Turnierspiels ein Ritter mit seiner Tochter angereist kam. Sie war ein holdes Ritterfräulein, jung und hübsch und lustig, und es war kein Wunder, dass beide Brüder sich in das Fräulein verliebten.

Das Fräulein hatte aber schon einen Bräutigam, und die beiden Brüder durften nicht hoffen, sie als Braut heimzuführen. Wäre nicht die Sache mit dem Ring gewesen, dann hätte wohl alles noch ein gutes Ende finden können.

Das Ritterfräulein hatte für den Sieger in diesem Turnier einen goldenen Ring als Siegespreis bestimmt. Als nun einer der beiden Brüder von Moosham Sieger wurde, gewann er den Ring. Nach dem Ende des Turniers zogen mit den anderen Gästen auch der Ritter und sein Töchterlein wieder von Moosham fort.

Die zwei Brüder aber waren wie verwandelt. Sie fingen an, einander zu hassen, und dieser Hass ging so weit, dass sie in verschiedene Wohntrakte der Burg Moosham zogen. Zwischen den beiden Trakten stand ein Getreidespeicher, und nach dieser Seite hin verschlossen die Brüder alle Fenster, damit einer den anderen nicht sehen konnte. So lebten sie nebeneinander dahin.

Bald sprach das Land rundum von den zwei eifersüchtigen Brüdern von Moosham, die so aneinander gehangen waren und sich jetzt so sehr hassten.

Nach langer Zeit kam einmal ein Spielmann nach Moosham. Dieser Spielmann konnte Liebeslieder so rührend singen, dass den beiden Brüdern warm ums Herz wurde, und plötzlich musste jeder denken: „Wir haben sie ja beide verloren! Keiner von uns beiden hat ihre Liebe erringen können!"

Da kamen die zwei Brüder aufeinander zu und umarmten sich. Wie sie so in neu erwachter brüderlicher Liebe einander umfingen, blitzte der Goldring an der Hand des Bruders auf, der dieses Ringlein vor langen Jahren in ritterlichem Kampf gewonnen hatte. Da wachte der Hass zwischen ihnen mit neuer Wildheit auf. Sie griffen nach ihren Schwertern und brachten sich gegenseitig zutod.

Seither ist Schloss Moosham verfallen. Manchmal, wenn der Mond scheint, sieht man zwei Schatten mit Schattenschwertern kämpfen, dass die Funken sprühen wie rötliche Sterne, und in der Luft über ihnen hängt ein goldroter Ring.

Es ist nicht ratsam, bei Mondschein dort vorüberzugehen, wo der Hass noch immer lebendige Funken sprüht.

Das Nixloch

In der Drachenwand bei Fuschl gibt es eine Höhle, die tief in den Berg hineinreicht. Sie heißt das Nixloch, weil darin Bergnixen wohnen. In hellen Mondnächten kommen die Nixen heraus und segeln mit ihren Schleiergewändern zu ihrem Bergsee hinunter, um dort zu baden. Aber bevor sie ins Wasser schlüpfen, hängen sie ihr Gewand an den Uferbüschen auf.

Ein junger Jäger, der einmal spätabends an den Bergsee kam, hat die weißen Mädchen plätschern und kichern gehört. Ihr Nixenhaar glänzte im Mondschein, als wäre es aus Silber und Gold. Die Nixen hüten silberne und goldene Schätze im Berg: Geld, Geschmeide und Goldgerät und auch Edelsteine. Dazu gibt es viele Säcke voll mit Silberstaub und Goldstaub. Diesen Staub streuen die Nixen über ihr Haar, wenn sie baden gehen.

Der junge Jäger stand hinter einem Strauch verborgen und beobachtete die Wassermädchen. Sie gefielen ihm alle sehr.

Plötzlich entdeckte er die Nixengewänder an den Büschen. Gleich griff er nach einem, um es in seine Jägertasche zu stecken. Ein junger Mann, der ein Nixengewand einsteckt, weiß, was dann geschieht: Wenn die Nixe, der das Schleierkleid gehört, vom Bad zurückkehrt und ihr Gewand nicht findet, muss sie dem folgen, der es fortgenommen hat, und ihn heiraten.

Aber bevor der junge Jäger das Nixengewand einstecken konnte, kamen zwei braune Wildenten vom Himmel heruntergeflogen und stießen ihm ihre Schnäbel ins Gesicht. Vor Schreck ließ er das Nixenkleid fallen. Die zwei Wildenten flogen zu den Nixen hin und schnatterten ihnen aufgeregt etwas zu. Da kamen die Nixen eilig aus dem Wasser, liefen zu ihren Gewändern und hüllten sich darein. Dann kletterten sie ein Stück die Drachenwand hoch, bis sie zum Nixloch kamen, und verschwanden darin.

Nun hatte sich aber ein Zipfel des Nixengewandes, das der Jäger in Händen gehalten hatte, an einem seiner Jackenknöpfe verfangen. Die Nixe, der das Gewand gehörte, riss dieses an sich, hüllte sich darein und kletterte den anderen Nixen nach.

Der junge Jäger wurde an dem Zipfel mitgezogen. Erst versuchte er, sich am Gebüsch festzuhalten, aber das gelang ihm nicht. Hilflos hing er an dem Nixenschleier in der Drachenwand und wurde mitgezogen bis zum Nixloch hinauf. Dort saß er dann in der steilen Felswand und hörte innen im Berg das Huschen und Kichern der Nixen.

Da folgte er ihnen in den Gang hinein und

hörte sie auf einmal tief im Berg drinnen singen. Als er aber zu dem Ort vordringen wollte, wo sie sangen, begann es im Gemäuer zu rieseln. Staub rieselte von der Decke der Höhle so heftig auf ihn nieder, dass er kaum atmen konnte. Da musste er umkehren. Er tappte zum Eingang des Nixlochs zurück.

Draußen schien der Mond. Er schien hell genug, dass der junge Jäger Tritte im Felsen finden konnte, und er gelangte sicher wieder an das Ufer des Bergsees. Dort beugte er sich nieder, um sich den Staub vom Gesicht zu waschen, und sah sein Spiegelbild im Wasser und merkte, dass er selber golden und silbern wie von Goldstaub und Silberstaub schimmerte. Da lief er heim, um dort den kostbaren Staub in eine Schüssel zu schwemmen und sich was dafür zu kaufen.

Als er aber heimkam, da war er voll gewöhnlichem Staub. Und als er am nächsten Tag die Drachenwand zum Nixloch hinaufkletterte, um sich neuen Gold- und Silberstaub zu holen, da sah er zwar ganz genau die Stufen in der Felswand, die er nächtlich heruntergeklettert war. Aber als er oben ankam, fand er den Eingang zum Nixloch nicht mehr.

Die Stierwascher

Vor ein paar hundert Jahren ist die Stadt Salzburg von einem starken Feind belagert und eingenommen worden. Wer konnte, hatte sich auf die Festung Hohensalzburg geflüchtet. Die Menschen haben Vieh und Lebensmittel für lange Zeit mitgenommen.

Nun steht die starke Festung Hohensalzburg auf einem hohen Felsen. Der Feind merkte bald, dass sie durch Kampf kaum einzunehmen war, und entschloss sich, sie zu belagern und auszuhungern.

Das wäre vielleicht sogar gelungen. Für so viele Leute waren auf Dauer die Lebensmittelvorräte zu gering, und die Menschen, die in der Burg Zuflucht gesucht hatten, wurden schwach vor Hunger und die Verteidiger hatten auch kaum mehr Kraft. Und dass der Feind freiwillig abzöge, war nicht zu hoffen. Eines Tages waren alle Vorräte aufgegessen, alles Vieh geschlachtet, bis auf einen einzigen, weißen Stier.

Der Burghauptmann überlegte, ob er nicht auch diesen Stier schlachten lassen und den Verteidigern der Burg zu essen geben sollte. Vielleicht konnten sie doch noch einen Ausfall wagen. Aber er wusste zugleich, es würde auch nicht viel helfen, diesen letzten Stier zu schlachten. Da fiel ihm plötzlich ein, dass man die Angreifer durch eine List zum Abzug bewegen könnte.

Er ließ den Stier holen und befahl, ihn für die Feinde gut sichtbar oben auf dem Festungswall herumzuführen und ihn dabei zu zwicken, dass er laut brülle. Da wüssten die unten, dass es gewiss keine ausgestopfte Tierhaut war, wie dies andernorts von Belagerten versucht worden war.

So führten sie also den weißen Stier auf dem Wall, dem Feind sichtbar, herum und der Stier brüllte laut.

Nun befahl der Burghauptmann, den Stier braun anzumalen. Als das geschehen war, wurde der braune Stier auf dem Burgwall herumgeführt, und auch der braune Stier brüllte laut und lebendig. Sie führten ihn wieder herab, und nun wurde er schwarz gefärbt und brüllend auf dem Wall herumgeführt.

Wirklich und wahrhaftig, nun zogen die Belagerer ab. Sie wollten nicht länger eine Festung belagern, in der noch so viel lebendiges Schlachtvieh vorhanden war.

Als der Feind fort war und die Geflüchteten in ihre Wohnstätten in der Stadt Salzburg zurückkamen, führten sie den schwarzen Stier zur Salzach und wuschen die schwarze und die braune Farbe von ihm herunter, und da wurde er wieder weiß. Bald hieß es in der Gegend, die Salzburger seien

seltsame Leute, sie hätten einen schwarzen Stier weißgewaschen, und so bekamen sie den Spitznamen „Stierwascher“. Leute, die nicht wussten, wie das alles zugegangen war, spotteten über die „Stierwascher". Aber die, die es wussten, haben über die dummen Spötter gelächelt. Es gibt nichts zu spotten, wenn durch eine List eine ganze Festung voller Menschen gerettet wird.

Später, um das Jahr 1500, hat man dann zur Erinnerung an das Geschehnis auf der Festung Hohensalzburg eine Orgel gebaut und sie den „Stier von Salzburg“ genannt. Sie wurde zu einem berühmten Wahrzeichen von Salzburg.

Der weiße Stier ist nie geschlachtet worden. Er hat sein Gnadenbrot auf der Festung Hohensalzburg verzehrt, bis er einmal friedlich an Altersschwäche gestorben ist.

Der Riese Abfalter

Zur Zeit, als es bei uns noch Riesen gab, hatte einer von ihnen in einem Felsgraben auf dem Rücken des Untersbergs seinen Schlafplatz. Dieser Riese hieß Abfalter.

Der Riese Abfalter war ein junger und sehr starker Riese. Es machte ihm Freude, sich selber immer wieder zu zeigen, wie stark er war. Besonders gern hob er Steinchen und Erdbrocken auf, um sie den Berg hinunterzuwerfen. Freilich, was für einen Riesen Steinchen sind, das sind für Menschen Steinblöcke. Damals, als der Riese zu seinem Vergnügen mit Steinbrocken und Felsblöcken warf, war das Land um den Untersberg noch ziemlich flach. Aber wo so ein Trumm niederfiel, bildete es mit den vielen anderen Steinen und Erdklumpen, die der Riese hinunterwarf, kleine und größere Hügel in der Landschaft, auf denen bald Gras und Bäume und Sträucher wuchsen. Auch Tiere sind dorthin gezogen, von der Maus bis zum Wildschwein. Später kamen auch Menschen.

Morgens, wenn der Riese Abfalter sich aus seinem Schlafgraben auf dem Bergrücken erhob, schaute er rundum und überlegte, wohin er an diesem Tag spazieren gehen wollte. Und wie er eines Morgens gegen den Gaisberg zu blickte, sah er dort ein Riesenmädchen Steine in ihre Schürze sammeln.

Dem Riesen Abfalter gefiel das Riesenmädchen außerordentlich. Sie war sehr hübsch und er fragte sich:

„Wieso hab ich noch nie daran gedacht, mir eine Frau zu nehmen? Die dort wäre vielleicht die Richtige für mich! Am besten, ich geh zu ihr hinüber und frag sie gleich, ob sie mich will."

Der Riese Abfalter tat einen Schritt gegen den Gaisberg zu, den das Riesenfräulein gerade heruntерstieg. Sie hatte die Schürze voller Steine. Und immer noch tat sie neue hinzu.

„Wozu brauchst du denn so viele Steine?", fragte der Riese Abfalter.

„Ich will über die Salzach", antwortete sie. „Die Steine will ich als Trittsteine haben, damit das Wasser mir die Füße nicht nass macht!"

In diesem Augenblick – es waren wohl zu viele Steine – zerriss ihre Schürze und die Steine polterten zur Erde.

„Jetzt muss ich zurück nachhause laufen und mir eine neue Schürze holen", sagte das Riesenfräulein und wollte umkehren.

Da sagte der Riese Abfalter: „Über die Salzach willst du? Und ohne dir die Füßchen nass zu machen? Dazu musst du nicht Steine aufklauben und bis zum Ufer schleppen. Ich werde dich einfach hinübertragen! So machst du dir die Füße auch nicht nass!"

Das Riesenfräulein betrachtete den Riesen Abfalter und er gefiel ihr sehr! Da sagte sie zu ihm: „Ich bin aber nicht so leicht, wie du glaubst!“

„Ich bin stark“, antwortete der Riese Abfalter. Er hob das Mädchen auf seine Arme und trug sie über die Salzach.

Am andern Ufer angekommen, stellte er das Riesenfräulein nieder und fragte sie: „Warum wolltest du denn über die Salzach laufen?“

„Ach“, antwortete sie, „dort wo ich zuhause bin, haben sich schon zu viele Menschen angesiedelt. Ich muss immerzu Acht geben, dass ich nicht auf einen drauftrete. Ich wollte zum Untersberg hinüber, dort gibt's noch mehr Platz für Riesen.“

„Mir gefällt's am Untersberg auch nicht mehr recht“, sagte der Riese Abfalter. „Von überall ziehen jetzt Menschen her! Ihr Vieh brüllt auf den Weiden, sie hämmern und sägen im Wald, und sie klappern mit ihren Mühlen an den Bächen. Ich habe schon daran gedacht, vom Untersberg wegzuziehen und höher ins Gebirge hinaufzugehen, wo mich die Menschenleute nicht immerzu stören. Willst du mit mir kommen und mit mir in die ganz hohen Berge ziehen? In eine der schönen großen Höhlen vielleicht, die es dort gibt?“

„Ja“, sagt das Riesenfräulein zu dem Riesen Abfalter. „Ich will gern mit dir ins Gebirge ziehen und dort mit dir wohnen!“

Sie reichte ihm ihre Hand hinüber und er nahm sie, und so wanderten die beiden höher und höher ins Gebirge hinauf.

Und seither gibt es im Land Salzburg keine Riesen mehr.

Das Weidwiesenweibl

Früher, und das ist schon sehr lang her, ist im Saalachtal in der Nacht ein kleines, schwarzes Weibl über die Weidwiesen gegangen. Schwarz war es aber nur auswendig. Man hat sein Gesicht kaum gesehen, weil es einen großen schwarzen Hut getragen hat und ein schwarzes Tuch dazu, und das Gewand war auch schwarz. Aber inwendig war das Weidwiesenweibl hell vor lauter Gutherzigkeit. In der Hand hat es ein Laternchen getragen, und wenn einer spätabends oder nachts über die Weidwiesen hat gehen müssen, ist es dahergehuscht und hat ihm geleuchtet. Freilich, wenn einer sich über das kleine schwarze Weibl lustig gemacht hat, zum Beispiel wenn er gesagt hat: „Gut, dass die Nacht so schwarz ist, dann sieht man wenigstens nur deine Laterne und nicht dein schiaches Gesicht“, da hat das Weibl schnell die Laterne ausgelöscht und den Wanderer in die Irre geschickt. Aber sonst hat es allen geholfen, mit dem Licht ihren Weg zu finden.

Manche haben sich schon darauf verlassen, dass das Weidwiesenweibl mit seiner Laterne daherkommt und ihnen den Weg zeigt. Und die meisten waren dem Weibl wohlgesinnt. Aber gedankt für die Begleitung mit der Laterne hat ihm niemand.

Einmal ist ein Fuhrmann gekommen, dem ist

mitten auf dem Weg ein Rad gebrochen. Damals war es grad sehr finster, denn der Himmel war bedeckt und der Mond hatte sich irgendwo zwischen den Wolken verlaufen.

Aber das Weidwiesenweibl hat gehört, wie das Rad gebrochen und der Wagen eingegangen ist, und war schon da mit seinem Licht. Das Weidwiesenweibl hat dem Fuhrmann das Licht so gut gehalten, dass es für ihn ganz leicht war, das Rad zu wechseln. Und bevor er weitergefahren ist, hat er zu dem Weidwiesenweibl gesagt: „Vergelt's dir Gott! Bist ein liebes Weibl!"

Da hat sie gelacht vor Freude und hat gerufen: „Ich dank auch schön für das Vergeltsgott! Bis heute hat mir noch keiner gedankt!"

Seither ist das Weidwiesenweibl verschwunden gewesen und ist nie wiedergekommen mit seinem Lichtlein. Vielleicht war's verwunschen und ist durch den freundlichen Fuhrmann erlöst worden.

Die Wildfrauen in der Satanswand

Oberhalb des Dorfes Tweng ragt eine steile, unzugängliche Felsenwand auf. In dieser Wand befindet sich eine Höhle, deren Eingang man vom Tal aus gut sehen kann. Die Felswand heißt Satanswand und die Höhle heißt Wildfrauenhöhle.

Eine Sage erzählt, dass sich einst auf einem Kirtag in Tweng auch drei Wildfräulein zum Tanzen eingefunden haben. Der Teufel, der wieder einmal als flotter Jägerbursche unterwegs war, kam vorbei und sah die drei Wildfräulein tanzen. Die ließen keinen Tanz vorbeigehen und hätten das auch kaum gekonnt. Denn alle Burschen drängten sich um die drei schönen Fräulein, und jeder wollte wenigstens einen Tanz mit einer von ihnen tanzen. Dass es Wildfräulein waren, sah man ihnen nicht an.

Zu der Zeit wohnten die drei Fräulein noch nicht wie heute in der Wildfrauenhöhle, sondern ganz hoch oben, wo die Luft dünn ist und wo sie oft mit dem Sonnenschein verwechselt werden, der über die Berge flimmert. Auf dem Kirtag in Tweng sahen sie aus wie Dorfmädchen.

An diesem Abend ist der Teufel oder der Satan, wie er auch heißt, von der Tanzmusik gelockt in Tweng vorbeigekommen. Er drängelte sich ungeduldig vor und holte sich eines der Fräulein nach dem anderen zum Tanzen.

Als die Musik einmal Pause machte und die drei Wildfräulein beisammenstanden und miteinander tuschelten, schlich sich der satanische Jäger heimlich an und hörte die Erste sagen: „Wenn dieser Jäger mich wieder zum Tanzen holen will, nimm ihn bitte du. Ich mag nicht mit ihm tanzen."

Da sagte die Zweite: „Mit dem tanze ich bestimmt kein zweites Mal!", und fragte die Dritte: „Du doch wohl auch nicht?"

„Nein", sagte die Dritte. „Gewiss nicht!"

Der Teufel im Jägergewand schaute grimmig drein. Er war der Einzige auf diesem Festplatz, der wusste, dass die drei Fräulein keine Dorfmädchen, sondern Wildfrauen waren. Und er wusste auch, welchen Weg nachhause sie nach Ende des Tanzfestes nehmen würden. Er verließ das Fest und versteckte sich außerhalb des Dorfes hinter dem dichten Buschwerk, an dem der Heimweg der drei Wildfräulein vorüberführte.

Es wurde spät und der Mond stand hoch, als die drei Wildfräulein an dem Gebüsch vorübergingen. Da brach der Teufel hervor, packte alle drei und flog mit ihnen die steile Felswand hinauf zu einer Höhle, die bis dahin noch keinen Namen gehabt hatte. Aus Rache hat er die drei Wildfräulein in diese Höhle gebannt. Dort müssen sie bleiben, bis drei kühne Gämsjäger die steile Felswand hinaufklettern und sie erlösen.

Dass die drei Wildfrauen in der Höhle sitzen, weiß man, weil sie bei Sonnenschein auf der Felsplatte vor der Höhle ihre Wäsche aufhängen, und so haben die Leute im Dorf die Höhle Wildfrauenhöhle genannt. Die Felswand aber haben sie Satanswand genannt. Denn wer sonst als der Satan könnte holde wilde Frauen in eine finstere Höhle verbannen?

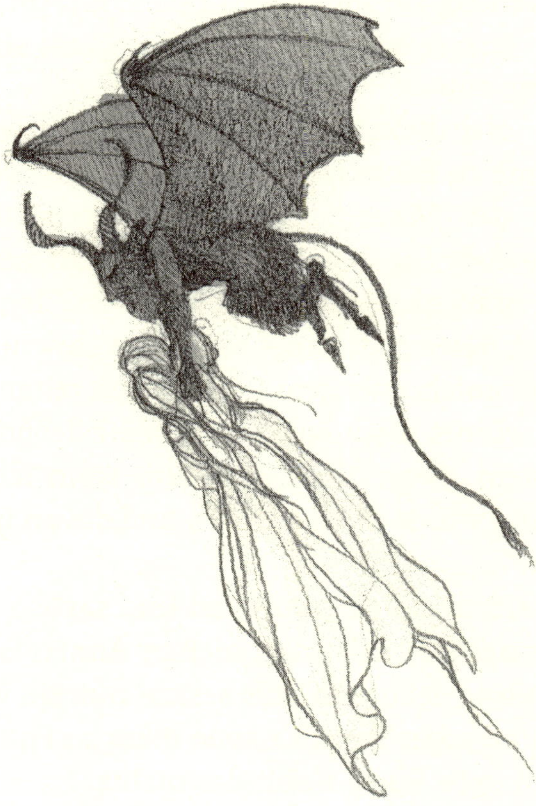

Der letzte Ritter von Tollenstein

Der letzte Ritter auf Burg Tollenstein, an deren Stelle heute Schloss Leopoldskron bei Salzburg steht, war arm. Seine Vorfahren waren reich und mächtig gewesen und die Burg war noch immer eine stolze Burg. „Stolz und schön genug“, dachte der letzte Tollensteiner, „um meine geliebte Juliana als Herrin in die Burg zu führen.“ Sein Herz schlug heftig verliebt für die schöne reiche Gräfin Juliana und so fiel er aus allen Himmeln, als sie seine Werbung abwies.

„Ritter Tollenstein“, sagte sie, „glaubt Ihr wirklich, ich würde zu Euch auf Eure Burg ziehen, wo nicht einmal die Mäuse genug zu fressen kriegen? Wovon wollt Ihr denn die Dienerschaft bezahlen, die ich brauche, um glücklich zu sein? Ich bin es gewohnt, Feste zu feiern. Und hättet Ihr ein stolzes Pferd für mich, mit dem ich zur Jagd reiten könnte? Ihr würdet mich bald nicht mehr lieben, Ritter Tollenstein, denn ohne Reichtum kann ich nicht leben und würde mich härmen und davon hässlich werden!“

Der Ritter sah sie traurig an und sagte:

„Von all dem Reichtum meiner Ahnen ist leider nichts übrig geblieben. Ich besitze nur ein einziges Pferd, und sogar mein Knappe muss zu Fuß gehen. Aber ich liebe Euch. Zählt das nichts?“

„Vielleicht könnte ich Euch auch lieben“, sagte Juliana und lächelte ihn holdselig an, „aber dazu müsstet Ihr reich sein. Ein hübscher Ritter seid ihr ja. Und tapfer wohl auch!“

„Wenn es noch Drachen gäbe“, sagte der Ritter, „ich würde ausziehen und einen für Euch erschlagen.“

„Es gibt aber keine Drachen mehr“, antwortete die schöne Juliana. „Ihr müsst mir Eure Liebe anders beweisen. Zieht aus und verwandelt Eure Tapferkeit in Gold und Edelsteine. Wie Ihr das anfangt, ist mir gleichgültig! Aber beeilt Euch, Herr Ritter! Ich warte nicht ewig! In drei Tagen müsst Ihr reich sein, sonst heirate ich einen andern.“ Und damit wandte sie sich von Ritter Tollenstein ab.

Dieser bestieg sein Pferd, das sein einziger Knappe blank gestriegelt hatte, und ritt niedergeschlagen heimwärts.

Wie er binnen drei Tagen reich werden sollte, wusste er nicht. So ritt er langsam dahin, gab sich ganz seiner Traurigkeit hin und überließ es seinem Pferd, den Heimweg zu finden.

Plötzlich schreckte er auf. Das Pferd war stehen geblieben. Es schnaubte und schüttelte die Mähne.

Der Ritter schaute nach dem Hindernis, und da stand ein kleiner Mann mitten auf dem Weg. Eigentlich war es nur ein Männchen. Silbergrau war es angezogen. Auf dem Kopf trug es eine sil-

bergrüne Zipfelhaube und sprach: „He, Ritter Tollenstein, ich habe gehört, du brauchst einen Schatz!"

Dem Ritter wurde unbehaglich, er wusste nicht, warum. Dass im und um den Untersberg allerlei geheimnisvolle Wesen wohnten und herumliefen, wusste er. Und dass man sich mit ihnen nicht unbedacht einlassen sollte, das wusste er auch. Als Kind war er einmal zwei Zwergen begegnet und einer großen Eidechse, die vielleicht ein Drache war. Aber die hatten alle drei getan, als sähen sie ihn nicht, und er hatte das Gleiche getan. Doch dieses silbergraue Männlein, das jetzt vor ihm auf dem Weg saß, hatte ihn angesprochen. Und jetzt sprach es weiter:

„Ich kenne ein Menge Schätze, die im Untersberg liegen. Es sind so viele, dass jeder, der sie findet, sich so viel davon nehmen kann, wie er will. Diese Schätze werden nicht weniger, wenn man rechtschaffen mit ihnen umgeht. Soll ich sie dir zeigen?"

Dem Ritter wurde heiß und kalt. Ein so verlockendes Angebot kann doch nur vom Teufel kommen! Und so fragte er vorsichtig:

„Und was verlangst du dafür?"

„Nicht viel", antwortete das silbergraugrüne Männchen. „Komm mit und sieh dir die Schätze an. Du musst sie ja nicht nehmen!"

„Das stimmt", dachte der Ritter. „Nehmen muss ich sie nicht."

„Steig ab und knie nieder!", sagte das Männchen plötzlich so herrisch, dass der Ritter eilig vom Pferd stieg und niederkniete.

„Reichen dir vorerst zehntausend Goldgulden?", fragte das Männchen. „Dafür will ich nur ein einziges Haar von deinem Kopf. Wenn du den Handel eingehen willst, dann nimm deinen Helm ab."

Da nahm der Ritter seinen Helm ab und neigte den Kopf, und das Männchen sprang hin und riss ihm ein Haar aus. Dann hüpfte es davon.

Auf dem Weg aber lag ein Beutel voll funkelnder Goldstücke und daneben ein kostbares Stirnband aus Edelsteinen, das einer Kaiserin würdig gewesen wäre. Verwirrt erhob sich der Ritter und steckte den Beutel und das Stirnband ein.

Nun war alles einfach. Der Ritter schickte seinen Knappen zu einem Schneider und ließ ihm ein samtenes Wams mit Goldknöpfen anmessen. Dann schickte der Ritter den fein gekleideten Burschen mit dem Stirnband und einem Brief zu seiner geliebten Juliana. In dem Brief stand, sie möge sein Geschenk huldvoll annehmen und die Wartezeit verlängern, dann könne in drei Monaten Hochzeit sein und sie würde Herrin sein in einer Burg, die voll sein würde mit Dienerschaft und in deren Ställen die feurigsten Pferde stünden.

Juliana sandte ihm Botschaft, sie nehme seine Werbung an.

Drei Monate später war die Hochzeit. Juliana war glücklich, denn sie bekam nun alles, was sie sich wünschte, von ihrem Gemahl. Sie konnte Jagden veranstalten und Feste feiern. Dass dies viel Gold kostete und woher ihr Gemahl das Gold nahm, das sie mit vollen Händen ausgab, kümmerte sie nicht. Es kümmerte sie auch nicht, dass er, je mehr sie verbrauchte und je kostspieliger ihre Launen wurden, immer öfter einen Tag lang fortritt und ihr nicht sagte, wohin, und nur vorgab, er müsse bei einem Schuldner Gold eintreiben.

Wohin Ritter Tollenstein ritt, ist unschwer zu erraten: Er suchte das silbergraue Männlein auf, von dem er den ersten Beutel Gold für ein Haar eingetauscht hatte. Jedes Mal kehrte er mit einem oder zwei oder auch mehr Beuteln Gold zurück.

So vergingen die Jahre und Juliana wurde älter und ihre Verschwendungssucht wuchs mit ihren Jahren.

Eines Tages ritt der Ritter wieder gegen den Untersberg, und auf dem Weg saß, wie immer, wenn er dort hinkam, das silbergraugrüne Männlein.

Diesmal sah ihn das Männlein merkwürdig an und fragte: „Was willst du denn noch?“

„Erbarmen“, sagte der Ritter verzweifelt.

„Erbarmen!“ Und dazu nahm er den Helm ab und auf seinem Kopf zeigte sich kein einziges Haar mehr.

„Was willst du denn noch?“, fragte das Männlein wieder.

„Ich muss Gold haben“, flüsterte Ritter Tollenstein. „Meine geliebte Juliana hat zu unserer Silberhochzeit Gäste geladen!“

„Ich kann dir nicht mehr helfen“, sagte das Männlein. „Ein Beutel Gold gegen ein Haar. So war es ausgemacht. Sei froh, dass ich nicht der Teufel bin, sonst hätte ich dir nicht nur dein Haar abverlangt, sondern auch deine Seele. Du bist noch recht gut davongekommen. Ich habe die Schätze im Berg zu hüten. Mehr als ich dir gegeben habe, war dir nicht bestimmt. Reite heim und feiere deine Silberhochzeit.“ Und damit verschwand das Männlein.

Der Ritter von Tollenstein ritt langsam und müde nachhause. Er hörte die Festmusik schon von weitem und ritt in die Burg ein und begab sich in seine Kammer. Er war todmüde und todtraurig und wollte allein sein.

Als das Fest auf seinem Höhepunkt war und der Silberbräutigam vermisst wurde, eilte seine Gemahlin höchstselbst in seine Kammer, um ihn zu holen. Da fand sie ihn tot auf seinem Lager. Ihm war das Herz gebrochen.

Da erkannte Juliana, dass sie ihren Gemahl geliebt hatte wie er sie, und warf sich über ihn und weinte und weinte und weinte sich tot.

Das Gespenst mit der Zipfelmütze

In St. Margarethen im Lungau hat der Mesner einmal ein Gespenst gesehen. Es war am Abend nach dem Aveläuten. Der Mesner kam aus der Kirche und ging über den Friedhof. Es war schon fast dunkel. Da sah er auf einem Grab ein Gespenst sitzen. Zu Anfang hielt er es gar nicht für ein Gespenst, sondern für einen Friedhofsbesucher, der sich verspätet hatte. Er ging hin und fragte:

„Findest den Weg zum Ausgang nicht? Soll ich ihn dir weisen?"

Aber weil der Kerl auf dem Grab nicht antwortete, dachte der Mesner: „Der soll mir nicht dumm kommen. So spät hat keiner was auf dem Friedhof zu suchen!", und weil der auf dem Grab auf eine zweite Mahnung nicht antwortete, zupfte der Mesner ihn an seiner Zipfelmütze und sagte:

„Bleib da nicht hocken, sonst frierst noch an. Heute Nacht wird's kalt!" Dann ging er aus dem Friedhof, und als er sich am Tor umwandte, saß der Kerl noch immer dort.

Der Mesner hatte plötzlich den Wunsch, ins Gasthaus zu gehen. Dort berichtete er den anderen Gästen von dem wunderlichen Friedhofsbesucher. Da sagte einer:

„Das war bestimmt ein Geist."

„Das kann nicht sein", antwortete der Mesner.

„Es ist ja noch nicht Mitternacht!“

„Das werden wir doch gleich sehen, ob das ein Gespenst ist oder nicht!“, rief einer der Gäste. „Traut sich einer hingehen und dem Geist oder Nichtgeist die Zipfelmütze wegnehmen und herbringen? Wer traut sich?“

Einer traute sich. „Ich!“, sagte er. „Was ist denn schon dabei?“

Die anderen riefen Bravo und klatschten ihm Beifall und er ging die Zipfelmütze holen.

Als er in den Friedhof kam, sah er schon von weitem eine Gestalt mit einer Zipfelmütze auf einem Grab sitzen, und plötzlich war ihm gar nicht mehr sehr lustig. Am liebsten wäre er gleich weggelaufen.

Aber er wollte sich von den andern nicht auslachen lassen und sprang hin. Ohne den Kerl recht anzusehen, packte er die Zipfelmütze und rannte damit fort und brachte sie glücklich zu seinen Freunden ins Gasthaus.

Jetzt wurden sie erst recht übermütig, und an diesem Abend schoben sie das Heimgehen bis lange nach Mitternacht hinaus. Einer nach dem anderen probierte die Zipfelmütze und schnitt ein Gesicht dazu, und sie kamen aus dem Lachen nicht heraus.

Als es dann schon gegen Morgen ging und die Geisterstunde längst vorüber war, klopfte es an der

Wirtshaustür. Das hörten die Zecher in all dem Lärm und Gelächter nicht. Aber in einer Ecke saß noch ein Gast, den sie nicht kannten. Dieser hatte nicht mitgetan bei ihren Späßen, sondern war nur still vor seinem Glas gesessen. Der hörte als Einziger das Klopfen und rief:

„Herein."

Da schob sich die Tür langsam auf und ein Mann kam herein, der sah aus wie ein Toter. Aber schauen konnte er. Und einen runden Schädel hatte er, ganz ohne jedes Haar.

Der Kerl kam näher und sagte: „Mir ist kalt am Kopf! Wo ist meine Zipfelhaube?!"

Es war plötzlich totenstill in der Runde und alle starrten den unheimlichen Besucher an, und der stand und starrte zurück. Da erhob sich der Gast in der Ecke, holte die Zipfelmütze von dem Tisch weg, um den die anderen saßen, und übergab sie dem Gespenst. Denn dass es eines war, merkten sie jetzt alle.

Das Gespenst nahm die Mütze, stülpte sie sich über den Kopf und sagte:

„Ein Glück für euch, dass einer daran gedacht hat, mir meine Zipfelhaube zurückzugeben. Wär das nicht geschehen, hätt ich euch alle geholt!"

Und dann ging es.

Der Anbanner

Auf einem Hof in der Nähe von Tamsweg gab es einen Jungknecht, der anstellig und klug war und immer die Ohren spitzte, wenn es etwas zu hören gab, was er noch nicht wusste.

Der Bauer auf diesem Hof war einer, der am Abend nach getaner Arbeit gern Geschichten und Geschehenes erzählte. Manchmal fing er schon zu erzählen an, ehe die Suppe ausgelöffelt war. Das Gesinde hörte ihm gern zu, und der Jungknecht, Toni hieß er, erst recht.

An einem Abend erzählte der Bauer, sein Senner oben auf der Alm, der Sepp, hätte schon wieder einen gebannt. Und dazu sagte er: „Geschieht ihnen recht, denen, aber der Sepp lässt sie ohnehin immer los, wenn sie ihn um Verzeihung bitten."

Der Toni, der noch nicht lang im Haus war, konnte sich keinen Reim darauf machen und fragte, wie denn das wäre mit dem Bannen und überhaupt. Da erfuhr er, was der Sepp für einer war. Ein guter Senn war er und ein Mensch, der keinem wirklich böse sein konnte. Aber ein Anbanner war er eben, und das sei schon was.

Wenn der Sepp einmal einen Weg hatte, zum Beispiel in die Kirche oder Käs heruntertragen oder Butter, dann sperrte er die Almhütte niemals ab. Vor dem Weggehen legte er einen Laib Brot auf den

Tisch in der Stube, dazu einen Ziegel Butter, und stellte einen Topf Milch hin. Wenn er dann fortging, wandte er sich auf der Türschwelle um und sagte in die Stube hinein: „Jetzt könnt's kommen und was essen. Ist alles frisch!“ Zur Sicherheit sprach er draußen auch noch einen Bann über das nächstliegende Stück Weide, damit ja kein Unguter ungebannt entwischte.

Wanderer oder Hausierer oder andere Leute, die zu der Almhütte kamen und anklopften, fanden Essen und Trinken und labten sich, bevor sie weitergingen, und so war das vom Sepp auch gemeint.

Weh aber denen, die glaubten, sie könnten in einer leeren Almhütte herumstöbern und sich nehmen, was ihnen nicht zugedacht war. Reichtümer besaß der Sepp zwar nicht, aber das eine oder andere lag doch herum, womit ein Dieb seine Freude haben konnte.

Wenn nun einer was einsteckte, was ihm nicht gehörte, und die Hütte damit verlassen wollte, war er gebannt. Denn der Sepp hatte für solche Leute einen Bann auf die Stube gelegt. Und so musste ein Dieb stehen bleiben mit dem in der Hand, was er sich unrechtmäßig genommen hatte, und musste warten, bis der Sepp zurückkam.

Wenn der kam und einen Dieb in der Stube sah oder gar zwei, sagte er: „Ja so was, ihr seid's ein Gsindel, was habt's denn da? Gebt's das aber gschwind wieder zurück!“ Da erschraken die Diebe, weil sie merkten, dass der Sepp ein Anbanner war, und sie dachten: „Wenn er jetzt weggeht, ohne uns loszusprechen, müssen wir in Ewigkeit da stehen oder bis wir verhungern.“ Also baten sie ihn recht schön um Verzeihung, und dann sagte der Sepp jedes Mal: „Na geht's schon, und tut's das nimmer!“

Einmal war sogar ein fremder Stier in den Bann gekommen. Er hatte den Zaun durchgebrochen und stand auf der Wiese, angebannt, und der Sepp hatte ihn von der Hütte aus nicht gleich gesehen. Endlich, nach anderthalb Tagen, ist er dort zu dem Zaun gekommen und hat den fremden Stier gesehen, wie der gebannt steht, mit einem Büschel Gras im Maul, und sich nicht rühren kann.

Der arme Stier war schon halb verhungert, das gebannte Gras hat er ja nicht fressen können. Als der Sepp ihn entdeckt hat, ist er gleich hingelaufen und hat gesehen, dass der Stier weint, die Tränen sind ihm nur so aus den Augen geronnen.

„Ja du armes Vieh“, sagte der Sepp, „so hab ich's nicht gemeint!“, und hat ihn gleich losgesprochen, und der Stier ist vor Freude davongehupft wie ein junges Kalb.

„Wirklich?“, fragte der Toni den Bauern. Und der lachte.

„Geh doch hinauf und frag ihn selber, den

Sepp!", sagte er. „Und bring uns einen Käs mit, wenn du schon hinaufgehst."

Der Toni ist hinaufgegangen und hat den Sepp gefragt. Und der Sepp hat's ihm genauso erzählt. Genau so.

„Weißt", sagte der Toni, „so was möcht ich auch gern können. Anbannen, mein ich. Kannst du mir das beibringen?"

„Bua", sagte da der Sepp. „Das kann man keinem zeigen, auch wenn man möcht. Sei froh, dass du nicht mit dem auf die Welt gekommen bist. Glaub mir, mir wär lieber, ich könnt es nicht!"

Das hat der Toni zwar nicht recht verstanden, aber irgendwie verstanden hat er's doch. Jedenfalls hat er den Sepp nie mehr gebeten, er soll ihm das Anbannen beibringen.

Die übergossene Alm auf dem Hochkönig

Das heutige Gletscherfeld auf dem Hochkönig war einmal eine herrliche Alm, auf der viele Sennerinnen und Senner lebten. Lange Zeit taten sie zufrieden ihre Arbeit, hatten Milch, Butter und Käse im Überfluss und ein gutes Leben.

Aber dieses gute Leben wurde ihnen langweilig. Sie bauten sich zum Zeitvertreib eine Kegelbahn aus Topfen, machten aus Butter Kugeln und aus Käse die Kegel. Mit der Milch wuschen sie den Fußboden auf.

Zwar lieferten sie Butter, Milch und Käse auch ins Tal, aber eines Tages hatten sie keine Lust mehr, all das hinunterzuschleppen. Was sie selber nicht verbrauchen konnten, warfen sie weg. Die Butter ließen sie in großen Brocken in der Sonne schmelzen und als Bächlein ins Tal rinnen. Die Milch schütteten sie den Berg hinunter und den Käse warfen sie hinterher.

Einmal kam ein Bettler, dem gaben sie nichts. Es war ihnen zu viel Arbeit, einen Becher Milch für ihn zu holen oder ihm ein Stück Brot abzuschneiden und Butter daraufzuschmieren. „Geh weg", sagten sie zu ihm. „Stör uns nicht!"

Der Bettler sah, wie ein Butterbächlein ins Tal floss, und wollte sich davon etwas abschöpfen.

Aber er war schon zu alt und zittrig, um sich zu bücken. Da fragte er die Almbewohner, ob er nicht sein Enkelkind oder sonstige arme Leute heraufschicken dürfe, die für ihn und auch für sich selber etwas von dem Überfluss nehmen dürften. Nur von dem, was hier nicht gebraucht würde.

Aber die Almleute sagten Nein. Da kämen ja gleich ganze Haufen von Bettlern, meinten sie, wie wäre denn das, wenn sie alle daherkämen. Sie würden ja das Vieh scheu machen mit ihrem Hungergeschrei und gierigem Geschlürfe! Da wäre es mit der himmlischen Almruhe bald vorbei! „Scher dich weg", riefen sie, „und komm nie wieder!"

Da wurde der Bettler plötzlich seltsam grau und groß und sprach:

„Ruhe wollt ihr! Gut, dann sollt ihr sie haben!"

Der Bettler reichte plötzlich bis in den Himmel, und seine Stimme klang wie Donner und Sturm. Gleich darauf zerfloss er in kalten Eisregen. Auch Schnee und Hagel fielen vom Himmel und bedeckten alles Grün mitsamt dem bunten Vieh darauf und die Almhütten und die Menschen darin mit ewigem Eis.

Seither heißt dieses Gebiet oben auf dem Hochkönig „Übergossene Alm".

Der Eisspalter

Im Fuschertal war einst der Bauer Vögerl der reichste Bauer weit und breit. Er besaß nicht nur viele Äcker, Wiesen, Felder und Wälder und vieles Vieh, sondern war auch ein arger Leuteschinder. Seinen Hof hätte man mit einem Herrensitz verwechseln können, so prachtvoll stand er da.

Der Bauer Vögerl hatte Knechte und Mägde übergenug, die von vor Sonnenaufgang bis nach Sonnenuntergang ihrem Herrn zu Diensten sein mussten, die er aber nur kärglich bezahlte. Bettler wagten sich keine auch nur in die Nähe seines stolzen Hofes, denn jedermann wusste, dass der Vögerlbauer seine Hunde rief, wenn einer dem Hof zu nahe kam.

Einmal stieg der Bauer noch vor dem Morgenläuten in seinen Wald hinauf, um zu sehen, ob seine Holzknechte, die oben übernachtet hatten, nicht vielleicht verschlafen hatten. Aber der Bauer Vögerl hörte schon von weitem seine Leute sägen und hacken. Zufrieden wollte er wieder hinuntersteigen, als er aus dem Tal die Glocke hörte, die zur Morgenandacht rief. Da durchfuhr ihn der Argwohn, seine Dienstleute könnten am Ende die Zeit der Morgenandacht nutzen, um ihre Arbeit ruhen zu lassen. Und richtig, kaum dass die Morgenglocke erklungen war, verstummte oben am Berg das Sägen und Klopfen. Den Vögerl packte der Zorn. Er stürmte hinauf, und richtig, da saßen sie alle auf geschlägerten Baumstämmen und taten nichts. Nichts!

Sie schauten der Sonne zu, wie sie aufging, und der eine oder andere bewegte die Lippen zum Beten.

Mit großen Sprüngen lief der Bauer zu ihnen hin.

„Es ist ja nicht Sonntag!", schrie er. „Mir ist schon um den Sonntag leid, den ich euch zugeben muss! Aber mitten an einem helllichten gewöhnlichen Tag die Arbeit stehen lassen! Die Zeit ziehe ich euch vom Lohn ab, ihr Faultiere!"

Ein Knecht wagte zu fragen, ob er, der Bauer Vögerl, nicht die Morgenglocke höre, die zur Andacht riefe. Da wurde der Vögerlbauer so wütend, dass er ein Trumm Holz nahm und den aufmüpfigen Knecht damit verprügelte. „Das blüht euch allen!", schrie er, „wenn ihr noch einmal auf eine Glocke hört statt auf meine Befehle!"

Kaum aber hatte er diese Worte herausgestoßen, als es finster wurde wie in der finstersten Nacht. Ein Blitz fuhr aus dem Himmel und schlug den Bauern nieder. Gleich darauf fegte ein Sturm daher, der den Vögerlbauern forttrug, zum Wiesbachhorn hinüber, und dort in eine Gletscherspalte schleuderte.

Die Knechte hatte der Sturm nicht angerührt. Der Geist des Vögerlbauern aber sitzt heute noch im Eis des Gletschers vom Wiesbachhorn.

Jedes Mal, wenn die Morgensonne den Gletscher bescheint, hört man den Vögerl darin rumoren und gegen das Eis schlagen. Die Sennen auf den Almen und die Knechte, die unter einem anderen Herrn Holz schlägern, sagen dann: „Der Vögerl spaltet schon wieder Eis!“ Sie haben sich daran gewöhnt, dass am Morgen der Gletscher knirscht und kracht. Sobald aber die Sonne weiter nach Westen wandert, ist der Eisspaltergeist wieder festgefroren. Und er wird, wie es heißt, wohl bis zum Jüngsten Tag darin sitzen bleiben müssen.

Der Teufel mit den Fledermausflügeln

In der Gegend von Pischelsdorf im Lungau ist der Teufel wieder einmal mit seinen Fledermausflügeln über Land geflogen, um zu sehen, wo Kirtag ist. Wo die Leute lustig sind und viel trinken, geben sie oft nicht auf ihre Seele Acht. Und richtig, in Pischelsdorf war Kirtag.

Der Teufel hat sich gleich ein fesches Jägergewand angezogen, weil er gemeint hat, als fescher Jäger fällt er auf einem Kirtag nicht so auf. Aber leider haben seine Fledermausflügel nicht unter die Jacke gepasst. Da hat er die Flügel abgelegt und in einem Misthaufen versteckt. Dann ist er als Jäger zum Kirtag gegangen und hat sich umgeschaut, wen er für die Hölle vormerken kann.

Aber der Teufel hat nicht gewusst, dass zwei lustige Burschen ihn dabei beobachtet haben, wie er sich umgezogen hat.

„Ist der da drüben nicht der Teufel?“, fragte einer den andern.

„Das kommt mir auch so vor“, sagte der andere. Die zwei Burschen haben auch gesehen, wo der Teufel seine Flügel versteckt hat, und beschlossen, ihm einen Streich zu spielen.

„Wir müssen irgendwas Heiliges in den Misthaufen stecken“, meinte der eine Bursche. „Dann kriegt er seine Flügel nie wieder heraus!“

„Ich weiß nicht recht“, erwiderte der andere. „Das ist vielleicht eine Sünde, wenn man was Heiliges in einen Misthaufen steckt.“

Der Zweite suchte in seinen Taschen herum und fand darin einen kleinen heiligen Antonius.

„Der heilige Antonius wird doch einen Spaß verstehen“, meinte er. „Noch dazu, wenn man damit dem Teufel eins auswischen kann. Ich versprech ihm eine Kerze, dann hilft er uns schon, den Teufel foppen.“

Der zweite Bursch hatte anfangs ein wenig Bedenken, aber dann meinte er:

„Wir könnten die Teufelsflügel aus dem Misthaufen holen und woanders verstecken. Im Heuschober dort drüben zum Beispiel. Dann ist es keine Sünde, wenn wir den heiligen Antonius dazustecken. Und die Kerze werde ich zahlen, damit ich auch was dazutu.“

Die beiden holten also die teuflischen Fledermausflügel aus dem Misthaufen und versteckten sie im Heuschober, taten den heiligen Antonius dazu und versprachen ihm eine Kerze. Dann gingen sie fröhlichen Muts zum Kirtag, um den Teufel weiterhin zu beobachten.

Dem Teufel wurde es auf dem Kirtag bald langweilig. Er redete zwar ein paar Leute an, aber er hatte an diesem Tag kein Glück. So beschloss er, seine Flügel zu holen und anderswohin zu fliegen.

Als er zu dem Misthaufen kam, fand er aber die Flügel nicht. Er stieß einen gräulichen Fluch aus und schnupperte so lange herum, bis er den Spaß der zwei Burschen riechen konnte. Dann folgte er ihren Fußspuren. Sie führten zu dem Heuschober, und dort sah er auch schon ein Endchen Flügel aus dem Heu lugen.

Wegen des heiligen Amuletts konnte der Teufel seine Flügel aber nicht herausholen. So schnupperte er weiter und fand die zwei Burschen hinter einem Busch sitzen.

„Her mit meinen Flügeln!“, sagte er zu ihnen und grinste dabei so teuflisch, dass sie Angst bekamen und dachten, der heilige Antonius hätte es vielleicht nicht so spaßig gefunden wie sie, den Teufel zu foppen.

Da sagte der auch schon:

„Ihr habt mir meine Flügel gestohlen!
Geht mir sogleich meine Flügel holen!
Dann tu ich euch nichts an!“

Die Burschen schauten einander an, rannten zum Heuschober, holten den heiligen Antonius und des Teufels Fledermausflügel heraus und trugen sie zum Misthaufen zurück.

Gleich darauf stand der Teufel in seiner wahren Gestalt vor ihnen, mit Teufelshörnern und Teufelshufen und einem Teufelsschweif. Er tat sich die Flügel um und brauste davon.

Die beiden Burschen aber liefen zum nächsten Kerzenstand und kauften die größte Kerze, die sie dort fanden, und brachten sie dem heiligen Antonius.

Die Reihe **„Sagen aus Österreich“**, geschrieben von Friedl Hofbauer und illustriert von Dominic Groebner, enthält neun Bände in gleicher Ausstattung:

Sagen aus Kärnten
ISBN 3-209-03123-1

Sagen aus Niederösterreich
ISBN 3-209-03124-X

Sagen aus Oberösterreich
ISBN 3-209-03125-8

Sagen aus Salzburg
ISBN 3-209-03126-6

Sagen aus Tirol
ISBN 3-209-03128-2

Sagen aus Vorarlberg
ISBN 3-209-03129-0

Sagen aus Wien
3-209-03130-4

Sagen aus dem Burgenland
ISBN 3-209-03122-3

Sagen aus der Steiermark
ISBN 3-209-03127-4